Du CE1 au CE2

7-8 ans

SCOOBY-DOO!
MYSTÈRES ASSOCIÉS

W0372636

L'attaque des monstres animaux

Sophie Adriansen
écrivain

Vincent Duquesne
professeur des écoles

Le papier de cet ouvrage est composé de fibres naturelles, renouvelables, fabriquées à partir de bois provenant de forêts gérées de manière responsable.

Nathan

Présentation

→ Je lis un récit d'aventures entrecoupé d'exercices de :
français, maths, découverte du monde.

→ Je résous des exercices
qui permettent de reconstituer l'histoire.

→ Je vérifie ma réponse :
- elle est juste → j'accède à la suite de l'histoire ;
- elle est fausse → le corrigé me guide pour refaire l'exercice.

→ Je consulte le mémo en fin d'ouvrage,
il m'explique la notion abordée dans l'exercice.

→ Je regarde la table des matières (p. 94-95)
pour connaître tous les points du programme abordés dans les exercices.

→ Je note les indices sur la page 93,
deux par histoire, ils prouvent que l'enquête avance et que le texte est bien compris.

NATH 36963

Maquette de couverture : Team Créatif / **Adaptation** : Céline Julien
Maquette intérieure : Julie Lannes / **Adaptation** : Céline Julien
Composition : Lasergraphie
© Nathan, 2016 - ISBN : 978-2-09-193105-0 pour la présente édition
© Nathan, 2015 - ISBN : 978-2-09-189157-6 pour la première édition

SCOOBY-DOO!

MYSTÈRES ASSOCIÉS

Les personnages principaux

Scooby-Doo

Scooby-Doo, la mascotte du groupe des Mystères Associés, est le plus humain de tous les chiens ! S'il préfère manger des hamburgers à toute autre activité, ce dogue allemand aussi gourmand que peureux n'hésite jamais à voler au secours de ses amis. Inséparable de Sammy, il raffole comme lui des bonnes blagues.

Sammy, le grand dadais

Jamais vraiment rasé, jamais vraiment coiffé, Sammy est le meilleur ami de Scooby-Doo. Il partage sa passion pour la nourriture et se montre aussi trouillard que lui. Bien qu'il soit rarement partant pour une nouvelle enquête, et malgré sa maladresse, il est indispensable à la petite troupe !

Vera, le cerveau à lunettes

Passionnée d'informatique, Vera est la plus efficace de la bande dans la résolution des énigmes. Secrètement amoureuse de Sammy, elle cache sa timidité derrière de grosses lunettes et un pull orange à col roulé. Cela ne l'empêche pas de se montrer très téméraire !

Fred, le passionné de pièges

Fred est le meneur du groupe. Visage lisse, cheveux blonds et corps tout en muscles, il a tout d'un grand séducteur. Pourtant, ce qui l'intéresse le plus, ce sont les pièges qu'il passe son temps à mettre au point. Plus qu'un loisir, c'est une véritable obsession ! Son père est le maire de la ville de Crystal Cove.

Daphné, la rousse explosive

Très féminine, Daphné fait toujours extrêmement attention à son apparence. Elle joue souvent le rôle d'appât pour les monstres et les fantômes. Elle aime Fred et se désespère qu'il consacre autant de temps à l'élaboration de ses pièges.

Mystères Associés

Scooby-Doo, Sammy, Vera, Daphné et Fred forment les Mystères Associés, une équipe spécialisée dans la résolution des phénomènes qui ne cessent de faire trembler Crystal Cove, la plus hantée des villes de la planète. Pour arriver à temps sur les lieux de ses enquêtes, le groupe se déplace à bord de la Mystery Machine, un van le plus souvent conduit par Fred.

Histoire 1

L'attaque du crabe géant

1

En fin de journée sur la plage de Crystal Cove, Brenda et Dylan, deux sportifs, installent les filets pour le tournoi de beach volley qui aura lieu demain. Brenda a chaud.

– Tu veux boire un peu d'eau ? propose Dylan, tendant une bouteille à son amie.

– Je préfère boire du *Trickel Triquid*, répond Brenda.

Les deux jeunes gens ne remarquent pas que le sable remue. Surgit alors… un crabe géant ! Brenda est épouvantée, mais Dylan est convaincu qu'elle lui joue un tour.

– Bravo, bien imité ! Où tu l'as trouvé, ton faux crabe géant ?

– C'est un vrai ! hurle Brenda tandis que la créature l'attrape avec l'une de ses immenses pinces. Aide-moi !

Trop tard, le crabe disparaît dans le sable, en emportant Brenda…

Le lendemain, le tournoi débute. Il est sponsorisé par *Trickel Triquid*, « la boisson naturelle de tous ceux qui veulent garder la ligne ». Scooby-Doo, Sammy, Vera, Fred et Daphné sont venus y assister. Une mascotte déguisée en bouteille propose du *Trickel Triquid*.

– Nous, on veut de la vraie nourriture ! dit Sammy.

– Oui, ce genre-là, confirme Scooby-Doo en désignant la cabane *À La Belle Palourde*.

La troupe en prend le chemin.

– Oh non, pas ce boui-boui, râle Vera. Le patron est inquiétant.

Elle montre le patron, un vieux marin nommé Skipper Shelton, qui porte un bandeau de pirate sur le nez.

– Mais non, il est sympa… tant qu'on ne lui parle pas de son nez ! affirme Sammy.

– Salut Capitaine ! lance Vera. Dites, votre nez, comment vous l'avez perdu ?

Vera va-t-elle déclencher la colère de Skipper Shelton ?

Tu le sauras en trouvant lequel de ces adjectifs qualificatifs est un synonyme du mot en bleu dans le texte.

a. méchant → **Lis le n° 6.**
b. gentil → **Lis le n° 10.**
c. bizarre → **Lis le n° 15.**

mémo 1

2 

Fais bien attention : l'article « les » et le « s » à la fin de *Mystères* et *Associés* indiquent qu'il s'agit du pluriel.
→ Recommence l'exercice du n° 14.

3

Non, *tenter* est un verbe du 1er groupe. Il ne peut pas avoir une terminaison en *-it*. Consulte le mémo.

→ Cherche de nouveau et refais l'exercice du n° 17.

4

Sammy et Scooby-Doo sont chargés de surveiller à distance *À La Belle Palourde*, la cabane de Skipper Shelton.

– Tu sais Scooby, dit Sammy, avant toute cette histoire j'adorais le crabe : le *crabefoutis*…

– Les *crabaronis*-parmesan… rêve Scooby-Doo.

– Les *crabes liégeois*… ajoute Sammy.

Pendant ce temps, sur le parking de la plage, Daphné se prépare dans la Mystery Machine. Conformément au stratagème imaginé par Fred, elle a revêtu un maillot de volleyeuse afin de servir d'appât pour le crabe géant.

– Tu peux me mettre de la crème solaire ? demande-t-elle à Vera.

Elles ne remarquent pas qu'une étrange silhouette passe entre les véhicules garés… Une silhouette avec deux grosses pinces… C'est le crabe géant ! Il s'est discrètement perché sur le toit de la Mystery Machine. Il tend une pince… et attrape Vera sans un bruit ! Puis, toujours plus menaçant, il s'approche de Daphné…

Daphné va-t-elle être attrapée à son tour ?

Tu le sauras à condition de trouver quelle est la pince de crabe la plus longue parmi ces propositions.

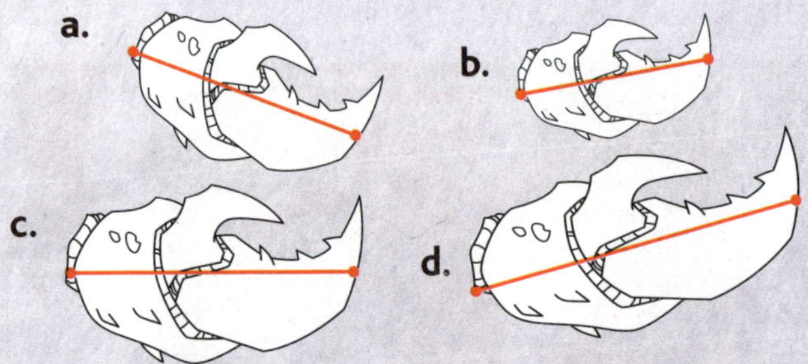

Si tu as répondu a. ou c. → Lis le n° 9.
Si tu as répondu b. → Lis le n° 20.
Si tu as répondu d. → Lis le n° 24.

mémo 15

5

Non, il n'y a pas de touche *Sortie*, ni de touche *Ascenseur* sur un clavier d'ordinateur. Consulte le mémo.

→ Recommence l'exercice du n° 11.

6

Tu confonds peut-être les synonymes et les contraires. Lis le mémo. → Refais l'exercice du n° 1.

7

Dans la soirée, Fred, Vera, Sammy et Scooby-Doo se retrouvent pour mettre au point un nouveau plan.

– Tout est de ma faute ! dit Sammy qui culpabilise.

Pour le réconforter, Scooby-Doo lui apporte des tonnes de hamburgers et de parts de pizza. Les Mystères Associés décident de se rendre à la bibliothèque de la ville afin d'obtenir d'éventuels renseignements sur le crabe géant.

– C'est dans ce secteur de la bibliothèque que sont archivés tous les vieux journaux, explique Vera en entraînant la troupe dans une partie isolée de la bibliothèque. On l'appelle la morgue !

– La morgue ? répète Sammy.

Terrifié, Scooby-Doo se réfugie dans ses bras.

– Pourquoi lui a-t-on donné un nom pareil ? demande encore Sammy en tremblant.

– Ben oui, ils sont simplement vieux, ces journaux, pas morts… bafouille Scooby-Doo, de plus en plus inquiet.

Les quatre amis parviennent enfin à l'endroit où se trouve l'ordinateur sur lequel on peut consulter les vieux journaux.

Que vont-ils découvrir d'intéressant ?

Tu le sauras après avoir répondu à cette question.
Scooby-Doo et Sammy sont de sacrés gourmands, mais leur repas constitué de tonnes de hamburgers et de parts de pizza ne paraît pas très équilibré...
Parmi ces repas, lequel te semble le plus équilibré ?

a. pizza – riz – yaourt au chocolat – pain

b. poulet – purée de pommes de terre – haricots verts – yaourt – clémentine

Si tu as répondu a. → Lis le n° 25.
Si tu as répondu b. → Lis le n° 11.

mémo 21

8

Mauvaise réponse : la touche *Espace* sert, comme son nom l'indique, à insérer un espace entre deux caractères.

→ Recommence l'exercice du n° 11.

9

Attention, il y a une pince plus longue encore.

→ Reprends les bonnes mesures dans l'exercice du n° **4**.

10

– Comment je l'ai perdu ? C'est une palourde qui me l'a arraché ! Je la retrouverai, même si je dois y passer le restant de mes jours ! répond Skipper Shelton en ouvrant des coquillages à la chaîne.

Sammy et Scooby-Doo commandent chacun un cornet de glace aux fruits de mer.

– Appétissant ! commente Fred. Avec cette chaleur, c'est bon, les palourdes à l'eau de mer. Je t'offre un cornet ? propose-t-il à Daphné.

– Non ! répond celle-ci. Souviens-toi que je suis allergique aux fruits de mer. Rappelle toi, au mariage de ma sœur, j'avais gonflé de partout…

Fred s'adresse à Skipper :

– Vous n'étiez pas installé à l'autre bout de la plage, avant, vers le terrain de volley ?

– Si, grogne le restaurateur, mais chaque fois que la ville organise un truc sur cette plage, on me fait déplacer ma cabane.

Il est temps d'aller assister au tournoi. Tandis que les cinq amis s'éloignent, une mouette qui venait de se poser sur le sable se fait attraper par… une pince de crabe géant !

La menace du crabe géant approche… Que faire ?

Pour en avoir une idée, trouve combien de coquillages Skipper Shelton est capable d'ouvrir en une minute, sachant qu'il s'agit du plus grand résultat de la table de 4 et qu'il figure également dans la table de 5.

a. 10 → **Lis le n° 23.**

b. 40 → **Lis le n° 14.**

c. 50 → **Lis le n° 19.**

mémo 12

11

Vera prend place devant l'ordinateur et commence les recherches :

– Il y a un article sur l'invention du *Trickel Triquid.* Et un autre qui dit que la ville a déplacé la cabane de Skipper… C'était il y a plusieurs années déjà. Écoutez ça : « Skipper a menacé tout le monde et juré de prendre des mesures radicales ».

Tandis que Vera continue sa lecture, une ombre se profile sur les rayonnages de la bibliothèque. L'ombre d'une pince de crabe…

– Écoutez la suite, poursuit Vera. Les grottes de Crystal Cove s'étendent jusque sous la plage, à l'endroit où se déroule le tournoi de volley.

Les Mystères Associés savent ce qu'il leur reste à faire : aller visiter ces fameuses grottes. Ils les explorent munis d'une lampe torche dont les faisceaux lumineux balayent les parois. Soudain, Sammy s'arrête et appelle ses amis :

– Par ici ! crie-t-il. Je crois que j'ai fait une trouvaille...

Qu'a trouvé Sammy ?

Pour le savoir, réponds correctement à cette question d'informatique.

Vera semble très à l'aise face à son ordinateur. Et toi, saurais-tu dire comment se nomme la touche qui permet d'aller à la ligne quand on écrit un texte, et qui sert également à lancer la recherche dans un moteur de recherche ?

a. la touche *Entrée* → **Lis le n° 17.**

b. la touche *Sortie* → **Lis le n° 5.**

c. la touche *Ascenseur* → **Lis le n° 5.**

d. la touche *Espace* → **Lis le n° 8.**

mémo 22

12

On dit *un* mystère et non *une* mystère : tu t'es trompé(e), il ne s'agit pas du féminin. → Recommence l'exercice du n° 14.

13

Non, un verbe en *-er* ne peut pas avoir une terminaison en *-it*. → Cherche encore l'infinitif de « retentit » dans l'exercice du n° 17.

14

La bande des Mystères Associés assiste au premier match. Fred est plus intéressé par les filets que par le jeu.

– Je suis complètement sous le charme, soupire-t-il. J'aimerais connaître leur tension élastique. Le nylon, il n'y a pas mieux comme matériau pour confectionner des pièges.

Tout à coup, les gradins se mettent à trembler. Une gigantesque pince de crabe surgit au beau milieu du terrain et s'empare du ballon qu'elle explose. Le crabe géant apparaît alors en entier en poussant des cris effrayants… En une fraction de seconde, les joueuses déguerpissent, de même que les spectateurs qui se ruent vers les issues de secours.

– Est-ce que c'est un crabe ou un humain ? demande Daphné, paniquée.

– C'est un horrible homme-crabe, c'est un « crumain » ! bégaye Sammy.

À peine le crabe géant a-t-il repéré les Mystères Associés qu'il bondit dans les gradins afin de les attraper. Les cinq amis prennent leurs jambes à leur cou mais la créature se lance à leurs trousses. Arrivés au bout des gradins, Vera, Sammy, Scooby-Doo, Fred et Daphné sautent dans le vide. Heureusement, ils atterrissent… sur un filet que tendent les joueuses de volley. Le fait que les Mystères Associés aient pu lui échapper semble mettre le crabe géant particulièrement en colère. Il fait demi-tour et s'élance à nouveau dans les gradins avant de replonger sous le sable. De là, il fonce sur une volleyeuse, s'empare d'elle avec l'une de ses pinces puis l'emporte plus loin…

– On ne peut pas laisser ce monstre s'échapper ! s'exclame Fred.

– Bien sûr que si on peut, rétorque Sammy, apeuré. Il suffit qu'on ne bouge pas de là.

Scooby-Doo est d'accord. Qu'à cela ne tienne ! Vera les entraîne et tous se lancent à la poursuite du crabe géant. Celui-ci disparaît dans un chapiteau dressé pour le tournoi. Fred se précipite. Mais à l'intérieur… personne !

Où sont passés le crabe géant et sa proie ?

Pour le savoir, trouve le genre et le nombre du groupe nominal *les Mystères Associés*.

a. masculin singulier → **Lis le n° 2.**
b. féminin pluriel → **Lis le n° 12.**
c. masculin pluriel → **Lis le n° 18.**

mémo 5

15

Tu t'es trompé(e). Lis bien le mémo.

→ Recommence l'exercice du n° 1.

16

Il semblerait que tu confondes deux mots proches, mais ne signifiant pas la même chose. Le mémo t'aidera à les distinguer. → Refais l'exercice du n° 24.

17

Devant Sammy se dresse un gigantesque escalier en colimaçon.

– Quelle sorte de crabe a besoin d'un escalier pour grimper au milieu du tournoi de volley ? s'interroge Vera en le rejoignant.

– Un crabe qui a un diplôme d'ingénieur ? propose Sammy.

Du fond de la grotte, une voix retentit alors.

– Fred ! Fred !

C'est Daphné !

– Suivez-moi ! ordonne Vera.

Les quatre amis foncent en direction des appels. Ils découvrent une cage suspendue dans laquelle se trouve Daphné… mais aussi Brenda, la joueuse de volley et la mouette ! Toutes les proies du crabe géant sont là !

Avec l'une de ses griffes, Scooby-Doo ouvre le cadenas qui ferme la cage. Les proies sont libres !

– Allez, dit Vera, remontons avant le retour de…

Elle n'a pas le temps de finir sa phrase : le crabe géant a surgi derrière elle ! Tous s'enfuient dans la grotte, pourchassés par la bête. Sammy et Scooby-Doo choisissent d'emprunter une autre direction, mais le crabe les prend en chasse.

– Est-ce que tu sens ce que je sens ? demande Sammy sans cesser de courir.

– Les cornets aux palourdes de Skipper ! répond Scooby-Doo en reniflant.

– Suis l'odeur de ces exquises friandises, dit Sammy. On va trouver la sortie grâce à ça !

L'odeur les mène jusqu'à l'escalier en colimaçon. Ils le grimpent en courant, mais le crabe les suit et il est plus rapide…

Le crabe va-t-il attraper Sammy et Scooby-Doo ?

Tu en auras le cœur net dès que tu auras trouvé l'infinitif du verbe en bleu. S'agit-il de :

a. retenter → **Lis le n° 13.**
b. tenter → **Lis le n° 3.**
c. retentir → **Lis le n° 21.**

mémo 7

18

La police débarque sur les lieux. Sammy et Scooby-Doo se lancent dans de drôles d'imitations du crabe géant afin de donner son signalement.

– Bouclez l'accès à la plage ! lance Daphné au shérif Stone.

– La plage restera ouverte, intervient un homme à l'air autoritaire.

Il se présente : c'est Peter Trickel, le président de *Trickel Triquid*, la fameuse marque de boisson.

– Vous allez faire comme si le tournoi n'était pas menacé par un crabe géant ? s'indigne Vera.

– On n'est sûr de rien… Ça peut aussi bien être un homme-langouste ou un humain quelconque, affreusement déformé parce qu'il ne boit pas sa ration de *Trickel Triquid* !

De son côté, le shérif décide que ce phénomène mystérieux n'est pas l'affaire de la police.

– Vous savez ce que ça veut dire… déclare Fred en se tournant vers ses amis. À nous d'enquêter !

Vera s'intéresse de près aux casiers du vestiaire, devant lesquels ils discutent. Du sable s'échappe de l'un d'eux.

– On dirait que notre enquête démarre bien… dit-elle.

Le casier rempli de sable porte le nom de Skipper Shelton.

– Quand le monstre a emporté la fille, devinez qui manquait à l'appel... interroge Vera.

– Et il en veut terriblement à la ville de lui faire déplacer sa cabane, fait remarquer Fred. Celui qui a saboté le tournoi ne peut pas avoir de meilleur mobile…

Tous décident alors de tendre un piège à l'homme-crabe.

Quel piège vont-ils mettre au point ?

Pour le découvrir, réponds à la question suivante :

Qui était absent lorsque le crabe a enlevé la volleyeuse ?

a. Sammy
b. Scooby-Doo
c. Vera
d. Skipper Shelton

Recopie ta réponse :

C'est ton PREMIER INDICE.
N'oublie pas de le noter sur ta page-indices, p. 93.
Maintenant → Lis le n° 4.

19

Attention, 50 est dans la table de 5, mais pas dans celle de 4 ! Revois tes tables grâce au mémo.

→ Recommence l'exercice du n° 10.

20

Au contraire, c'est la pince la plus courte ! → Cherche de nouveau la pince la plus longue dans l'exercice du n° 4.

21

Sammy et Scooby-Doo parviennent en haut de l'escalier. Ils poussent une trappe et se retrouvent au milieu du terrain de volley, le crabe géant toujours sur leurs talons. Le match en cours est interrompu. La poursuite reprend. Le crabe escalade un phare, saute… et se brise en plusieurs morceaux. Comme un crustacé préparé par un cuisinier, ou plutôt… comme un énorme jouet : c'était un robot !

– Youhou ! s'écrie Sammy. On l'a coincé !

Vera, Daphné et Fred les rejoignent pour les féliciter.

– Skipper manque toujours à l'appel, fait remarquer Fred. À moins qu'il ne soit là-dedans ! dit-il en s'approchant du faux crabe.

Mais à cet instant, Skipper Shelton fait justement son apparition.

– Je reviens de la laverie, dit-il. Mon cache-nez est tout propre, il sent bon la marée.

– Mais si vous n'êtes pas l'homme-crabe, qui se trouve… ? demande Daphné.

– Attention, suspense ! l'interrompt Vera.

Qui est en réalité l'homme-crabe ?

Tu le découvriras avec Scooby-Doo et ses amis.
Mais indique d'abord ce que Skipper a bien pu laver d'autre dans un « lavomatique » :
du linge, une voiture ou sa maison ?
Recopie ta réponse :

....

Parfait ! C'est ton DEUXIÈME INDICE.
N'oublie pas de le noter sur ta page-indices, p. 93.
→ Tu peux à présent terminer ta lecture au n° 26.

22

Tu t'es trompé(e). → Recommence l'exercice du n° 24.

23

Attention, 10 est dans la table de 5, mais pas dans celle de 4. → Recommence l'exercice du n° 10.

24

Du côté de *La Belle Palourde*, Scooby-Doo et Sammy commencent à trouver le temps long.

– Toujours pas de Skipper, mais qu'est-ce qu'elles sentent bon, ces palourdes ! soupire Sammy.

– Vas-y, sers-toi, suggère Scooby-Doo. Je ne te dénoncerai pas.

Sammy fonce vers la cabane à palourdes. Il passe à l'endroit exact où Fred a installé un piège recouvert de sable et… tombe dedans.

Au même moment, Daphné court le plus vite possible pour échapper au crabe tout en essayant de l'attirer dans le piège. Mais celui-ci reste introuvable.

– Il y a un problème ! crie Daphné. Je ne vois pas de piège !

Elle ignore que Sammy l'a involontairement déclenché… Cette fois, Daphné n'a plus de moyen d'échapper au crabe géant. Celui-ci se saisit d'elle avec sa pince et tous deux disparaissent dans le sable, comme engloutis. Fred tente de voler à son secours, mais il est trop tard.

Vera arrive à ce moment précis :

– Que s'est-il passé ? demande-t-elle. Quelqu'un qui empestait le crabe m'a enfermée dans la voiture.

– L'homme-crabe a enlevé Daphné ! gémit Fred, désemparé.

Comment sauver Daphné ?

La suite de l'histoire te le dira... mais pour l'instant, tu dois trouver si la palourde est :

a. une crudité → **Lis le n° 16.**

b. un crustacé → **Lis le n° 7.**

c. un karaté → **Lis le n° 22.**

mémo 2

25

Ce repas est sans doute délicieux, mais pas vraiment équilibré ! Consulte le mémo. → Recommence l'exercice du n° 7.

26

Vera s'approche de la tête du crabe géant et en extirpe… Bud Shelton, la mascotte de la boisson *Trickel Triquid* !

– Et son inventeur ! précise Bud.

– J'ai compris que ce n'était pas un vrai crabe car Daphné n'avait pas d'allergie en sa présence, explique Vera.

– Trickel s'est approprié mon invention, raconte Bud. D'ailleurs, elle devait s'appeler le « Bibe-à-Bud ». J'ai passé des heures à fabriquer

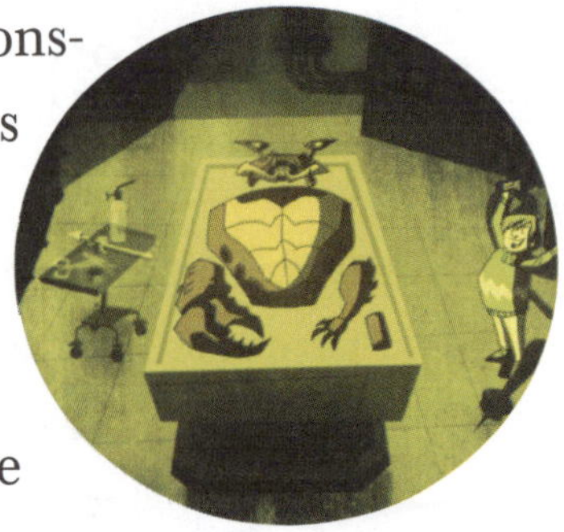

ce costume de crabe et à construire le système de trappes et d'escaliers qui mène à la plage ! J'ai caché mon costume dans un casier et collé une étiquette avec le nom de Skipper…

Daphné n'en croit pas ses oreilles.

– Tu as fait tout ça juste pour te venger de monsieur Trickel ? Tu aurais dû porter plainte !

– J'en aurais eu pour des années, répond Bud. Mais il aurait marché, mon plan, si vous autres, petits fouineurs, vous ne vous en étiez pas mêlés !

Skipper livre sa conclusion :

– On ne vend pas la coquille de la palourde avant de l'avoir tuée !

– Je n'ai aucune idée de ce que ça veut dire ! déclare Scooby-Doo en riant, mais il est temps d'aller en manger quelques-unes pour se remettre de toutes ces émotions !

FIN

Histoire 2

Les crocomonstres

porte. Le piège se déclenche et se referme sur… le facteur, qui apportait un paquet.

– Fais attention, Fred, c'est peut-être une bombe ! s'écrie Daphné.

Qu'y a-t-il dans ce mystérieux paquet ?

Pour être bien sûr(e) qu'il ne s'agit pas d'une bombe, réponds à cette question de grammaire.

Dans la phrase « On sonne justement à la porte. », qui le pronom « On » remplace-t-il ?

a. « On » remplace « les Mystères Associés ».

b. « On » sert de pronom indéfini.

c. « On » ne remplace rien car c'est un verbe.

Si tu as répondu a. → Lis le n° 6.
Si tu as répondu b. → Lis le n° 10.
Si tu as répondu c. → Lis le n° 14.

mémo 9

2 

Non, un adjectif qualificatif apporte une information sur un nom : ce n'est pas le cas ici.

→ Recommence l'exercice du n° 16.

3

Attention, un triangle a trois côtés ! Revois tes connaissances grâce au mémo. → Refais l'exercice du n° 10.

4

Les Mystères Associés se rendent à l'hôtel. À l'intérieur, tout est décoré avec des alligators. Le hall est désert, mais on entend jouer du piano quelque part dans l'établissement. Le temps semble s'y être arrêté. On dirait un endroit fantôme…

Fred utilise la sonnette de la réception pour avertir de leur présence. Personne ne vient. Il sonne à nouveau. Une femme à l'allure étrange apparaît enfin.

– Désolée, nous n'avons pas de chambre à louer, annonce-t-elle.

– Pourtant, il est écrit « chambres libres » sur votre pancarte, fait remarquer Fred.

– Günther ! appelle alors la femme. Nous avons des clients.

Le piano s'interrompt. Avançant en glissant comme un reptile, un jeune homme grand et maigre à l'air sournois la rejoint. La femme fait les présentations :

– Voici mon fils, mon trésor, Günther Gator. Quant à moi, je suis Greta Gator.

– Votre nom de famille est Gator et vous vivez dans la ville de Croco-Crique ? interroge Sammy.

– C'est une sacrée coïncidence, observe Scooby-Doo.

– Oui bien sûr, c'est une drôle de coïncidence... répète Greta Gator.

Son fils et elle éclatent alors d'un rire étrangement inquiétant...

Qui sont réellement Greta et Günther Gator ?

Pour en savoir davantage, calcule le prix d'une nuit pour une personne avec petit-déjeuner à l'hôtel *L'Alligator et les 40 voleurs* grâce à la pancarte de l'établissement.

L'Alligator et les 40 voleurs

Tarifs	
Chambre 1 personne	30 €
Chambre 2 personnes	40 €
Petit-déjeuner	5 €

a. 30 € → Lis le n° 24.
b. 35 € → Lis le n° 7.
c. 75 € → Lis le n° 15.

mémo 16

5

C'est inexact car il n'y a pas 2 mais 3 modèles de pièges sur chaque page. → Recommence l'exercice du n° 13.

6

Tu t'es trompé(e). « On » ne remplace pas « les Mystères Associés ». Consulte le mémo. → Refais l'exercice du n° 1.

7 

Greta Gator mène les Mystères Associés à l'étage de l'hôtel.

– Nous n'avons pas l'habitude de recevoir des clients, indique-t-elle.

Les murs du couloir de l'étage sont lacérés de coups de griffe qui inquiètent particulièrement Sammy et Scooby-Doo. Greta montre les chambres à ses clients.

– Il y a quelques règles strictes dans cet hôtel, annonce-t-elle. Règle n° 1 : les garçons et les filles ont des chambres séparées. Règle n° 2 : restez dans vos chambres, peu importe ce que vous entendrez. Ce qui inclut les gémissements, les cris, les hurlements, les pleurs, le gratouillage et surtout ce qui ressemble au bruit d'un cadavre que l'on traînerait sur le sol du salon.

Scooby-Doo panique.

– Entendu, répond Fred. Sammy, Scooby et moi allons dormir ensemble dans cette chambre.

– Oh, j'ai failli oublier, ajoute Greta. Règle n° 3, et j'y tiens : aucun animal de compagnie ici.

– Ça ne fait rien, Scooby, tu n'as qu'à dormir dans la Mystery Machine, dit Fred.

Terrifié, Scooby-Doo obéit et quitte l'hôtel.

Scooby-Doo a-t-il raison d'avoir peur ?

Pour le savoir, trouve un nouvel indice en répondant à cette question. Parmi ces animaux, lequel n'est pas un animal de compagnie ?

a. le hamster

b. le tigre

c. le chien

d. le chat

Recopie ta réponse :

Parfait ! C'est ton TROISIÈME INDICE.

N'oublie pas de le noter sur ta page-indices, p. 93.

Maintenant → Lis le n° 20.

8

C'est une erreur : attention, il n'y a pas 100 secondes dans une minute. Vérifie tes connaissances grâce au mémo.
→ Recommence l'exercice du n° 20.

9

Faux : sur chacune des 32 pages, il y a 3 modèles de pièges. Le nombre total de pièges sera donc très supérieur à 32 ! → Refais l'exercice du n° 13.

10

À l'intérieur du paquet, pas de bombe mais un joli sac à main.

– Regardez l'étiquette, fait remarquer Fred. « 100 % alligator, fabriqué à Croco-Crique ».

– Alors ce doit être un faux, dit Daphné. Cette ville n'a pas fabriqué quoi que ce soit depuis des dizaines d'années.

Vera a l'air de connaître l'histoire de Croco-Crique. Elle la raconte à ses amis :

– En réalité, cette ville n'a pas fabriqué quoi que ce soit depuis que les mines sont épuisées. Croco-Crique a été fondée dans les années 1800, quand un groupe de chercheurs d'or trouva un bien de plus grande valeur : des alligators !

Cette petite bourgade comptait plus de ces reptiles que n'importe quelle autre ville du monde. En peu de temps, elle connut une expansion fulgurante et devint mondialement célèbre pour ses produits en peau. Mais les alligators finirent par être décimés et Croco-Crique se transforma progressivement en ville fantôme…

Toute la bande est captivée par son récit.

– Mais les faits sont là, observe Sammy. L'étiquette indique que ce sac vient de Croco-Crique.

Scooby-Doo le renifle.

– En plus il sent le neuf, assure-t-il.

– Bon, les amis, je crois qu'on a un nouveau mystère sur les bras ! se réjouit Fred.

Tous grimpent à bord de la Mystery Machine et prennent la direction de Croco-Crique.

Que vont-ils découvrir à Croco-Crique ?

Pour accompagner les Mystères Associés dans cette aventure, trouve lesquels de ces alligators sont enfermés dans des cages en forme de triangles rectangles.

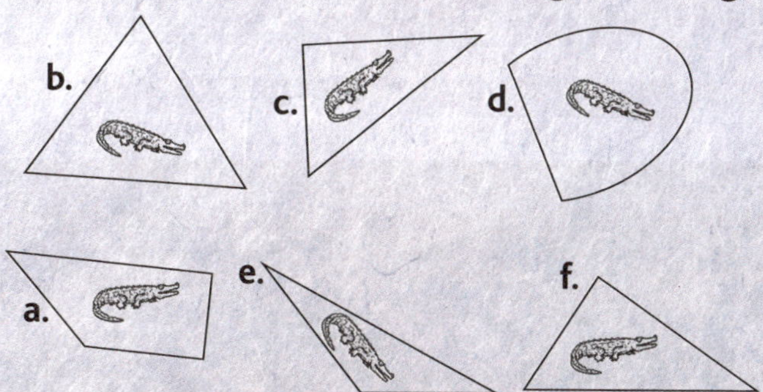

Si tu as répondu a. et d. → Lis le n° 3.

Si tu as répondu c. et f. → Lis le n° 26.

Si tu as répondu b. et e. → Lis le n° 18.

mémo 18

11 

Attention, tu sembles avoir choisi le bon calcul, mais tu t'es trompé(e) en comptant les dizaines. Consulte le mémo.

→ Recommence l'exercice du n° 20.

12

Non, il ne s'agit pas de cubes. Révise tes connaissances sur les solides grâce au mémo. → Refais l'exercice du n° 17.

13

Scooby-Doo se réfugie à l'intérieur de l'hôtel, mais le monstre y entre à son tour. Scooby-Doo grimpe à l'étage. Il déboule en haletant dans la chambre des garçons, où Daphné et Fred consultent un album de pièges. Scooby-Doo leur explique qu'il est poursuivi par des crocomonstres !

– Ils sont tout près, ajoute-t-il en faisant de grands gestes.

À cet instant, la porte de la chambre s'ouvre brusquement. Trois effrayants crocomonstres font irruption. Ils prennent en chasse Scooby-Doo mais aussi Fred et Daphné. Les trois amis semblent pris au piège… Mais Fred a une idée.

– Attrapez la couverture ! ordonne-t-il à Daphné et Scooby-Doo.

Ils lancent la couverture sur les monstres et en profitent pour s'échapper. Puis ils se réfugient dans la chambre où se trouvent Vera et Sammy.

– Qu'est-ce qui se passe encore ? râle Vera.

– Il y a des crocomonstres ! chuchote Daphné, paniquée.

– Je pense qu'ils sont partis, la rassure Fred.

En effet, le calme semble revenu dans l'hôtel. Soudain, la lumière s'éteint et les monstres pénètrent dans la chambre où sont maintenant réunis les Mystères Associés.

– Dirigez-vous vers la porte en faisant le moins de bruit possible, conseille Fred.

Mais à cause de l'obscurité, Vera tombe dans un trou du plancher…

Vera va-t-elle s'en sortir ?

Pour le savoir, calcule combien de modèles de pièges Daphné et Fred peuvent admirer dans leur album.

L'album comporte 32 pages et il y a 3 modèles différents par page.

a. 32 → Lis le n° 9.

b. 64 → Lis le n° 5.

c. 96 → Lis le n° 17.

mémo 13

14

Attention, tu sembles confondre *on* et *ont*. Vérifie tes connaissances à l'aide du mémo.

→ Recommence l'exercice du n° 1.

15

Tu as fait une erreur quelque part… Suis les conseils du mémo. → Refais l'exercice du n° 4.

16

– Notre van est en panne, explique Daphné à l'homme du camion.

– Vous pourriez y jeter un coup d'œil ? demande Fred.

L'homme accepte. Il trouve rapidement l'origine du problème :

– Vous n'avez plus de moteur. Je vais devoir vous en commander un directement à Crystal Cove, mais comme ce n'est pas la porte à côté, on ne le recevra pas avant demain matin.

– Si j'ai bien compris, on est coincés dans cette ville peu accueillante… résume Sammy.

Vera, Fred, Daphné et Sammy téléphonent à leurs parents. Malheureusement, tous sont très occupés, et aucun n'est disponible pour venir les chercher.

– Vous n'auriez pas un hôtel à nous recommander ? demande Fred, à tout hasard, au mécanicien.

Celui-ci a une solution pour eux.

– Ma sœur Greta tient le meilleur et surtout le seul hôtel de cette ville, *L'Alligator et les 40 voleurs*, répond le mécanicien en désignant un curieux établissement à quelques mètres de là.

Il finit par un étrange avertissement :

– Juste un conseil : ne quittez vos chambres sous aucun prétexte !

Quel danger attend les Mystères Associés dans cet hôtel ?

Avant de poursuivre ta lecture, réponds à cette question de grammaire.

Quelle est la nature du mot en bleu dans le texte ?

a. C'est un verbe. → Lis le n° 4.

b. C'est un adjectif qualificatif. → Lis le n° 2.

c. C'est un nom commun. → Lis le n° 22.

mémo 10

17 

Sammy rattrape Vera de justesse.

– Tu m'as sauvée de ces monstres ! le remercie-t-elle.

Une patte de crocomonstre enserre soudain sa cheville qui pendait dans le vide. Mais est-ce vraiment une patte ?

– C'est dégoûtant, dit Scooby-Doo.

– Ça ressemble à un gant, observe Fred. Ce qui signifie que ce sont des costumes !

Les trois crocomonstres réapparaissent alors. Costumes ou pas, ils foncent à nouveau sur les Mystères Associés.

– Courez ! ordonne Fred.

La bande fuit hors de l'hôtel et se précipite vers la Mystery Machine.

– Scooby, prends le volant ! lui demande Fred.

– Mais la Mystery Machine n'a plus de moteur ! s'écrie Daphné.

– On va la pousser, déclare Fred.

Scooby-Doo s'installe à l'avant du van tandis que ses camarades poussent le véhicule. Celui-ci prend de la vitesse, les amis sautent à l'intérieur, et c'est parti ! Voyant cela, les crocomonstres rebroussent chemin.

– Regardez, ils ne nous suivent plus ! observe Vera.

– Ils n'essayaient pas de nous dévorer, ils voulaient nous chasser de la ville, réalise Fred.

Il remarque alors du mouvement. Un peu plus loin, des caisses dans les bras, les crocomonstres sortent de ce qui ressemble à une usine.

Les Mystères Associés s'approchent et ouvrent l'une des caisses posées à l'abri des regards.

Que contiennent ces caisses ?

Tu le sauras très vite, mais il faut d'abord trouver quelle est la forme des caisses ci-dessous.

S'agit-il de :

a. pavés droits → **Lis le n° 23.**

b. cubes → **Lis le n° 12.**

c. rectangles → **Lis le n° 25.**

mémo 19

18

Ce ne sont pas des triangles rectangles. Aide-toi du mémo. → Cherche de nouveau le triangle rectangle dans l'exercice du n° 10.

19

Tu t'es trompé(e) : il s'agit bien d'un mot emprunté à la langue anglaise. Le mémo t'en apprendra davantage. → Refais l'exercice du n° 26.

20

Dans sa chambre, Sammy se fait du souci pour Scooby-Doo. Tant pis pour l'interdiction de quitter la pièce : il décide d'aller voir comment va son ami. Mais sur le palier, il retrouve Vera qui aimerait passer un moment avec lui. Comme Fred et Daphné, ils décident de ne pas tenir compte de la règle n° 2.

Seul dans le van, Scooby-Doo tremble comme une feuille. Il entend des bruits, exactement comme si des reptiles frôlaient le véhicule. Il se cache sous une couverture et tente de se convaincre que son imagination lui joue des tours. Soudain, quelque chose de mi-humain, mi-alligator bondit sur la Mystery Machine en poussant des cris.

– Un crocomonstre ! hurle Scooby-Doo en s'enfuyant en direction de l'hôtel.

La créature, qui a de fortes ressemblances avec Greta Gator, se lance alors à sa poursuite en rugissant.

– Sammy ! Sammy ! appelle Scooby-Doo. Au secours !

Scooby-Doo échappera-t-il à ce crocomonstre ?

Résous ce problème de mathématiques avant de continuer la lecture de ton aventure.

Scooby-Doo est resté seul dans le van pendant 1 heure et 37 minutes.

Combien de minutes cela fait-il en tout ?

a. 87 minutes → Lis le n° 11.

b. 97 minutes → Lis le n° 13.

c. 137 minutes → Lis le n° 8.

mémo 17

21 

Non : *hamburger* est déjà un mot anglais, *fast-food* ne peut donc pas être la traduction anglaise de *hamburger* !

→ Cherche de nouveau la signification de *fast-food* parmi les propositions de l'exercice du n° 26.

22

C'est inexact : le nom commun *(un) téléphone* ne peut pas se terminer par *-ent*. → Refais l'exercice du n° 16.

23

À l'intérieur de la caisse, les Mystères Associés découvrent tout un tas de produits en croco : bottes, ceintures…

– « 100 % pur alligator », lit Vera. Cette ceinture a la même texture que le sac que tu as reçu, Fred.

– Passe-la moi que je vérifie, dit Daphné.

Elle enroule la ceinture autour de son bras. Aussitôt, des boutons apparaissent.

– Je suis allergique à tout ce qui est en simili-peau, imitation de cuir, fausse fourrure, explique-t-elle.

– Donc cette ceinture est une imitation. Comme tout le reste ! ajoute Vera. Or les articles en alligator véritable se vendent bien plus cher que les faux…

Sammy se gratte la tête.

– Si j'ai bien suivi, ces faux crocomonstres vendent de faux produits en alligator. C'est à la fois logique et assez ironique.

En effet, le mystère reste entier…

– Nous devons les arrêter, affirme Fred.

Sammy s'approche de l'usine où œuvrent les crocomonstres.

– Hé, vous, les trois alligators ! les nargue-t-il. Vous êtes les crocodiles les plus moches que j'aie jamais vus !

Scooby-Doo ajoute son grain de sel en leur tirant la langue.

Les monstres s'interrompent :

– Qui est-ce que tu traites de crocodile ? Attrapons-les !

Sammy et Scooby-Doo s'enfuient, entraînant les monstres à l'endroit prévu. Fred déclenche

alors le piège qu'il a mis au point avec des ceintures en fausse peau de crocodile. Les crocomonstres se retrouvent aussitôt prisonniers de grandes malles également tapissées de faux cuir.

– C'est dans la boîte ! s'exclame Scooby-Doo.

– Il est temps de découvrir qui se cache derrière ces masques en latex, déclare Fred en libérant les monstres.

Qui sont en réalité les trois crocomonstres ?

Tu connaîtras le fin mot de cette aventure après avoir trouvé, parmi ces propositions, le nom de l'espèce qui appartient à la famille des crocodiliens.

palourde – caïman – eucalyptus – dromadaire – tricératops

Recopie ta réponse :

....

Parfait ! C'est ton QUATRIÈME INDICE.
N'oublie pas de le noter sur ta page-indices, p. 93.

Maintenant → Va découvrir qui sont les crocomonstres au n° 27 !

24 

Tu n'as pas pensé à ajouter le prix du petit-déjeuner. Aide-toi du mémo. → Recommence l'exercice du n° 4.

25 

Attention, le rectangle désigne une figure plane, or il s'agit ici de solides ! → Retourne à la question du n° 17.

26

Le van des Mystères Associés entre dans Croco-Crique. Partout se dressent des statues de reptiles. Mais il n'y a ni bruit, ni mouvement.

– Voilà ce qui arrive quand l'économie d'une ville repose uniquement sur l'exploitation de pauvres animaux, note Vera.

Le groupe inspecte la ville à la recherche d'indices, mais il reste bredouille : la vie semble avoir déserté Croco-Crique pour de bon ! Même le *Gator Burger*, le fast-food où Sammy et Scooby-Doo se sont rués, est désespérément vide.

– On n'a plus qu'à rentrer chez nous, il n'y a rien d'intéressant ici, conclut Fred, déçu.

La troupe remonte dans la Mystery Machine, mais le van refuse de démarrer. Fred soulève le capot pour comprendre d'où vient le problème. Au même moment, un imposant camion se gare à côté du van.

– Vous avez mal choisi votre endroit pour vous arrêter. Je vous conseille de déguerpir, dit l'homme qui en descend, un géant vêtu comme un mécanicien.

Les Mystères Associés vont-ils se laisser impressionner ?

Tu auras la réponse au prochain paragraphe, à condition de trouver la signification du mot anglais *fast-food*.

a. *Fast-food* signifie *restauration rapide*. → Lis le n° 16.

b. *Fast-food* signifie *hamburgers et frites*. → Lis le n° 21.

c. *Fast-food* ne vient pas de l'anglais. → Lis le n° 19.

mémo 3

27 

Fred enlève les masques et dévoile… Günther Gator, Greta Gator et Grady Gator, le mécanicien.

– Mais pourquoi vous ?! leur demande-t-il, complètement interloqué.

Les trois Gator sont très gênés d'avoir été démasqués.

– Quand il y a eu cette pénurie d'alligators, tous les habitants ont décidé de quitter la ville, finit par expliquer Grady Gator. Tous, sauf nous trois.

– Parce qu'ici c'est chez nous, ajoute Greta.

– Comme il n'y avait plus d'alligators, vous avez décidé de produire des imitations de leur peau et de les faire passer pour des vraies, devine Daphné.

– Mais pour pouvoir faire votre trafic, vous deviez dissuader les gens de venir fouiller par ici. Donc vous avez créé ces costumes afin d'effrayer les visiteurs ! poursuit Vera.

– C'était un plan vraiment ridicule, commente Sammy.

– Notre stratagème aurait pu durer des années ! dit Günther. Seulement, il a fallu que vous veniez vous mêler de ce qui ne vous regardait pas…, continue-t-il rageusement.

Désormais, tout est clair… Il n'y a plus qu'à laisser la police emmener les trois Gator. Encore un mystère résolu !

FIN

Histoire 3

L'attaque des cigales

1 

L'usine Destroïdo crache une épaisse fumée sombre par ses hautes cheminées et déverse dans le fleuve des eaux verdâtres. Un employé en sort. Il se dirige vers sa voiture afin de rentrer chez lui. Son téléphone sonne. Au bout du fil, une voix grave et métallique se fait entendre :

– Vous n'avez pas écouté mon conseil, monsieur Kelsepsian. Je vous avais prévenu que si vous ne quittiez pas rapidement la ville et votre emploi chez Destroïdo, vous alliez le regretter amèrement.

– Et moi je vous ai dit que je n'appréciais pas qu'on me menace. Si vous continuez à m'appeler, je vous poursuivrai ! dit l'employé avant de raccrocher.

Il monte dans sa voiture et prend la route. Bientôt, une cigale se met à voler devant son pare-brise. Il la chasse d'un coup d'essuie-glace. Mais d'autres insectes entrent dans la voiture tandis qu'un énorme essaim la poursuit… L'essaim prend la forme d'une gigantesque cigale. L'homme perd le contrôle du véhicule et manque un virage. C'est l'accident…

– Je vous avais pourtant mis en garde, gronde l'essaim.

D'où viennent ces effrayantes cigales ?

Tu connaîtras leur origine après avoir effectué ce petit calcul.

Combien de cigales poursuivent la voiture de l'employé, sachant qu'il y en avait 396 au début mais que 27 cigales se sont perdues en route ?

a. 423 → Lis le n° 5.

b. 369 → Lis le n° 16.

c. 379 → Lis le n° 9.

mémo 14

2 

Attention : un groupe nominal s'accorde en genre et en nombre. → Refais l'exercice du n° 12.

3

C'est inexact. Aide-toi du mémo.

→ Recommence l'exercice du n° 10.

4

La police et le maire de la ville arrivent sur place.

– Le professeur contrôle cette créature faite de centaines d'insectes ! affirme Fred.

Le maire s'adresse au professeur à voix basse :

– Si vous contrôlez réellement cette créature, ce serait gentil de venir au Festival de la Cigale pour augmenter nos bénéfices !

– Je n'ai absolument rien à voir avec ce monstre ! rétorque le professeur. Si ces adolescents ne s'en vont pas tout de suite, je porte plainte.

Le professeur retourne dans son laboratoire.

– Il faut absolument qu'on découvre qui contrôle cette créature ! dit Fred.

– Pourquoi ? Pour ruiner le festival de demain ? demande le maire.

– Non, parce que le monstre veut s'en prendre à nous demain soir ! s'écrie Daphné.

– C'est magnifique ! s'exclame-t-il. Euh, je veux dire… c'est terrible ! Mais j'ai la solution : venez demain soir au Festival de la Cigale de Crystal Cove pour qu'on vous protège…

Le maire les protégera-t-il vraiment de l'attaque des cigales ?

Pour accéder au paragraphe suivant, replace dans l'ordre alphabétique les quatre mots en bleu dans le texte.

....

....

→ Vérifie ta réponse au n° 18.

mémo 4

5

Tu t'es trompé(e) d'opération. Réfléchis à la nature du calcul que tu dois effectuer en t'aidant du mémo.

→ Recommence l'exercice du n° 1.

6

En arrivant à l'hôpital, les Mystères Associés aperçoivent la voiture du shérif. Ils entrent dans l'établissement. Le shérif Stone se tient, avec le père de Fred, qui est aussi le maire de la ville, devant une chambre où l'on extrait une cigale d'une narine de l'employé de Destroïdo.

– Que lui est-il arrivé ? demande Sammy.

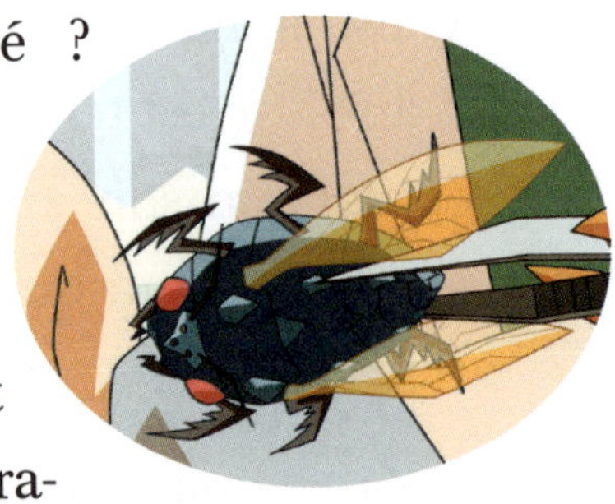

– Il a été attaqué par cette horrible créature composée de centaines et de centaines de cigales enragées ! Il en avait dans les cheveux et dans le nez, partout, explique le shérif, horrifié.

– Reprenez-vous, lui ordonne le maire. Je ne laisserai pas passer une si belle occasion de gagner de l'argent. J'ai organisé un grand Festival de la Cigale, il aura lieu ce week-end à Crystal Cove. Et ce sera un succès ! Alors soyez gentils, restez tranquilles et n'interférez pas.

– Désolé, Papa, mais c'est hors de question, affirme Fred.

Pendant ce temps, en ville, un autre employé de Destroïdo prend sa douche. Son téléphone sonne. C'est la fameuse voix :

– Vous avez choisi d'ignorer ma mise en garde…

– Encore vous ! J'ai autre chose à faire que vous écouter, répond l'employé.

Il raccroche.

C'est alors qu'une cigale surgit dans la douche, bientôt suivie de centaines d'autres…

Combien d'employés les cigales vont-elles attaquer ainsi ?

Tu le sauras après avoir répondu à cette question.

Quel est le métier du père de Fred ?

a. shérif

b. médecin

c. maire

Recopie ta réponse :

C'est ton **CINQUIÈME INDICE**.

N'oublie pas de le noter sur ta page-indices, p. 93.

→ La suite de l'aventure t'attend au n° 22 !

7 

Alors que le monstre-cigale s'apprête à attaquer les Mystères Associés, Fred frappe violemment l'une des parois. Il parvient à créer une ouverture : il s'y engouffre, ses amis le suivent, et bientôt tout le monde se retrouve à l'extérieur. Ouf !

Sammy lève la tête et remarque le professeur Yantz, installé à la terrasse d'un snack :

– Je crois qu'on peut rayer le professeur de la liste des suspects, dit-il.

Mais le monstre-cigale a suivi la troupe et sort à son tour de la maison hantée.

– Il faut qu'on atteigne la Mystery Machine ! s'écrie Fred en se mettant à courir.

La bande en prend la direction. Fred actionne l'ouverture du coffre du van avec une télécommande et, à l'intérieur, un aspirateur ultra puissant se met en marche. Dans un bruit d'enfer, les cigales sont avalées par le tuyau de l'appareil. Il ne reste bientôt plus à leur place qu'un individu qui s'écroule au sol.

– Démasquons-le ! ordonne Fred.

Qui manipulait les cigales ?

Avant de finir ta lecture, indique qui selon toi est l'individu qui s'écroule au sol :
la victime, le coupable ou Sammy ?
Recopie ta réponse :

C'est ton SIXIÈME INDICE.
N'oublie pas de le noter sur ta page-indices, p. 93.
→ Tu peux à présent terminer la lecture de ton aventure au n° 24.

8 

Tu t'es trompé(e). → Retourne à l'exercice du n° 10.

9 

Tu as choisi le bon calcul, mais ne t'es-tu pas trompé(e) dans la retenue ? → Recommence l'exercice du n° 1.

10 

À l'autre bout de la ville, le président-directeur général de Destroïdo s'entraîne sur son terrain de golf.

– Nous devrions rentrer, conseille son assistant.

– Non, je suis en train de battre mon record ! dit le président.

Son téléphone portable se met alors à sonner.

– Vous n'avez pas écouté ma mise en garde. Je vous avais pourtant prévenu que si vous ne quittiez pas… commence la voix inquiétante.

– Oui, oui, que si je ne quittais pas mon emploi je le regretterais amèrement. Mais écoutez, je suis le président-directeur général de cette société et il est hors de question que je m'en aille. Alors, oubliez ça !

Il raccroche et reprend sa partie. Il met la balle dans le trou du premier coup mais soudain, celle-ci ressort… suivie de cigales par centaines, qui attaquent de toutes parts !

Le lendemain, les Mystères Associés se rendent au festival, comme prévu. Fred a passé la nuit à mettre au point un piège pour capturer le monstre-cigale…

Le piège de Fred va-t-il fonctionner ?

Tu connaîtras bientôt le fin mot de l'histoire, mais pour cela, compte le nombre de cigales alignées entre la balle et le trou.

a. 5 → **Lis le n° 19.**
b. 4 → **Lis le n° 8.**
c. 6 → **Lis le n° 3.**

mémo **20**

11 

Erreur : ce verbe n'est pas au présent. Consulte le mémo.
→ Recommence l'exercice du n° 19.

12 

Le sous-sol de l'hôpital est extrêmement sombre. Les portes de l'ascenseur se referment : les Mystères Associés sont prisonniers ! Soudain, un grésillement se fait entendre. Une trappe d'aération s'ouvre, et des insectes s'en échappent. Ce sont des cigales ! Bientôt, elles sont des centaines et entourent Sammy, Scooby-Doo, Vera, Fred et Daphné qui se sont recroquevillés au sol, terrifiés.

L'essaim prend la forme d'une cigale géante et s'adresse à eux :

– Je vous conseille d'arrêter votre enquête, sinon demain soir vous subirez le même sort que ces pauvres malheureux. Vous êtes prévenus. Obéissez, c'est dans votre intérêt !

Après avoir proféré sa menace, l'essaim retourne du côté de la trappe d'aération et disparaît. Les portes de l'ascenseur s'ouvrent à nouveau. Les Mystères Associés s'y précipitent et quittent l'hôpital à bord de la Mystery Machine.

– Ce n'est pas une coïncidence si toutes les victimes travaillent pour Destroïdo, affirme Vera.

– Peut-être que celui qui est derrière tout ça a une dent contre cette entreprise, suggère Sammy.

– Mais qui pourrait entraîner des insectes à attaquer sur commande ? demande Daphné.

Fred a une illumination :

– Le professeur Yantz ! Tout correspond. Rappelez-vous le discours qu'il nous a tenu sur le fait que Destroïdo était un gros pollueur. Il déteste cette entreprise.

Daphné doute, tandis que Vera trouve la piste intéressante :

– Le professeur Yantz est un expert reconnu en cigales. Il aurait pu les entraîner !

Fred décide d'en avoir le cœur net et prend la direction de l'école.

Le professeur est-il responsable de ces attaques ?

Tu le sauras très vite, à condition de bien accorder l'adjectif avec le nom qu'il qualifie.

Complète :

un essaim inquiétant → des cigales ....

a. inquiétantes → **Lis le n° 14.**

b. inquiétants → **Lis le n° 2.**

mémo 6

13 

Si ton schéma ressemble à ça :

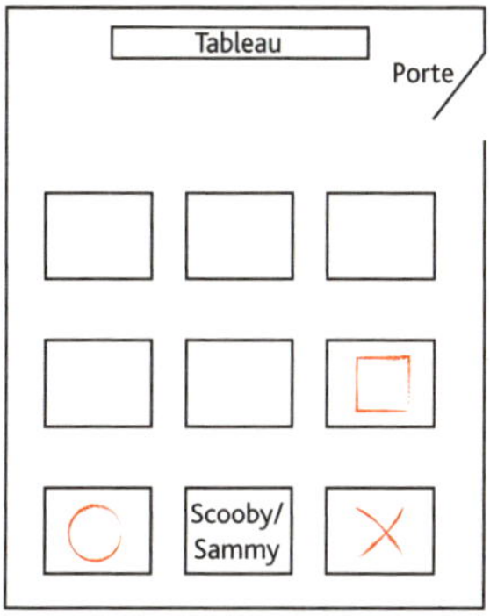

Félicitations ! → Tu peux accompagner les Mystères Associés du côté de l'hôpital, au n° 6.

14

La nuit est tombée. L'école est déserte… ou presque. Le professeur Yantz se trouve dans la salle de classe, assis par terre à côté d'une plante sur laquelle sont posées des cigales. Instrument de musique en main, il leur chante une berceuse. Les Mystères Associés entrent :

– On vous a percé à jour, professeur ! dit Fred. Voilà son arme, ajoute-t-il à l'attention de ses amis en désignant l'instrument de musique. Il l'utilise certainement pour faire un lavage de cerveau à ses cigales.

– J'utilise cet instrument pour les endormir paisiblement… explique le professeur.

Sur Scooby-Doo, l'effet a été immédiat : celui-ci dort à poings fermés.

– Je peux savoir ce qui se passe ? demande le professeur, très mécontent.

– Vous vous servez des cigales pour attaquer les employés de Destroïdo ! l'accuse Vera.

C'en est trop pour le professeur Yantz :

– Qu'est-ce que vous racontez ? J'appelle la police.

Comment résoudre ce mystère qui ne cesse de s'épaissir ?

Tu poursuivras l'aventure des Mystères Associés lorsque tu auras répondu à cette question de culture musicale.

Le professeur Yantz semble être un bon musicien.

Parmi ces trois métiers, lequel a un rapport avec la musique ?

a. réalisateur → **Lis le n° 21.**

b. comédien → **Lis le n° 23.**

c. compositeur → **Lis le n° 4.**

mémo 24

15

Non, car il ne s'agit pas d'une action à venir. Consulte le mémo. → Retourne à l'exercice du n° 19.

16

À l'école, Sammy, Scooby-Doo, Fred, Daphné et Vera assistent justement à un cours sur les cigales.

– Les cigales, ce sont une des formes de vie les plus évoluées qui soient, explique le professeur Yantz. Malgré cela, une altération de l'écosystème, même infime, a des conséquences désastreuses sur leur développement. C'est pourquoi il faut garder un œil sur les entreprises polluantes qui détériorent Mère Nature. Qu'en pensez-vous, Sammy et Scooby-Doo ?

Assis au dernier rang, ces derniers dévorent des Pétales Dorés, leurs chips préférées.

– Saviez-vous que ces chips aux haricots, soi-disant naturelles, sont fabriquées par une entreprise du nom de Destroïdo, et que chaque bouchée que vous ingurgitez soutient l'un des plus gros pollueurs de Crystal Cove ? leur demande le professeur, agacé par leur inattention.

– Non, répond Sammy. En revanche, je sais que c'est délicieux.

Scooby-Doo confirme.

–Je me demande pourquoi j'ai accepté de vous accueillir dans ma classe, maugrée le professeur.

Après le cours, Sammy découvre un message dans son paquet de chips :

– « Un nouveau mystère semble avoir fait son apparition du côté de l'hôpital. Il y aurait eu une recrudescence d'accidents étranges. », lit-il.

– Quel genre d'accidents ? interroge Fred, curieux.

– Il est écrit qu'on le découvrira sur place… répond Sammy.

Les Mystères Associés n'hésitent pas une seconde…

De quel genre d'accidents s'agit-il ?

Avant de le savoir, place les repères suivants sur ce plan de la classe dans laquelle Scooby-Doo et Sammy sont si dissipés.

Fais une croix sur la table que Scooby-Doo et Sammy voient à leur droite, un rond sur la table qu'ils voient à leur gauche et un carré sur la deuxième table à gauche de la porte d'entrée.

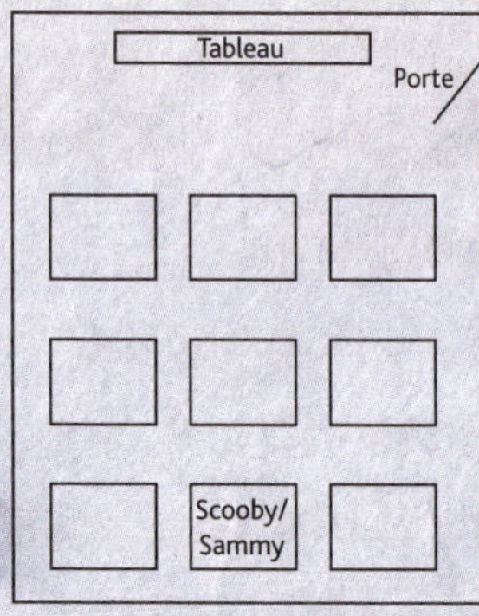

→ **Vérifie ta réponse au n° 13.**

mémo 23

17

Tu t'es trompé(e). → Refais l'exercice du n° 22.

18

Si tu as trouvé *basse, centaines, contrôle, créature,* bravo ! → Poursuis ta lecture au n° 10.

19

L'ambiance du festival est au beau fixe. Pourtant, les Mystères Associés ne sont pas là pour s'amuser. Fred donne ses consignes à la troupe :

– Il faut attirer la créature près de la Mystery Machine pour que le piège fonctionne.

Les cinq amis doivent jouer les appâts… Ils se baladent dans les allées du festival afin de faire savoir au monstre qu'ils sont là. Scooby-Doo et Sammy se lèchent les babines devant les stands de nourriture tandis que Fred entame une partie de jeu de tape-taupe.

Soudain, Sammy repère le professeur Yantz. Lui aussi est venu au festival ! Il entre dans l'une des attractions, la Maison hantée. Sammy fait signe à ses camarades.

Fred n'hésite pas une seconde :

– Venez, suivons-le !

Les Mystères Associés progressent dans la maison hantée ; rien d'effrayant à l'horizon.

Mais tout à coup, quatre parois se dressent autour d'eux et les enferment. La cigale géante fait alors son apparition :

– Vous allez payer votre entêtement. Vous étiez prévenus !

Les Mystères Associés échapperont-ils au monstre-cigale ?

Afin d'en être sûr(e), indique quel est le temps du verbe en bleu dans le texte.

a. présent → **Lis le n° 11.**
b. futur → **Lis le n° 15.**
c. passé composé → **Lis le n° 7.**

mémo 8

20 

C'est inexact. Révise tes connaissances grâce au mémo.
→ Recommence l'exercice du n° 22.

21 

Tu dois confondre deux métiers. Consulte le mémo.
→ Refais l'exercice du n° 14.

22

Une publicité télévisée pour les Pétales Dorés passe dans la salle d'attente de l'hôpital, où patientent Daphné, Vera, Sammy et Scooby-Doo.

À l'écran, Grand-mère Fayot, l'emblème des chips, cuisine en souriant. Fred fait irruption : il a trouvé la chambre de la nouvelle victime des cigales. Les Mystères Associés s'y rendent aussitôt.

– On peut entrer vous poser des questions ? demande Daphné au patient.

Il n'est pas seul. Grand-mère Fayot lui tient compagnie !

– Nous sommes vos plus grands fans, madame, dit Sammy en la reconnaissant. Vos Pétales Dorés sont délicieux.

– C'est gentil. Après que j'ai vendu mon entreprise à Destroïdo, Hugh s'est chargé de remonter la cote de popularité de mes produits auprès des jeunes gens, dit-elle.

– Vous aussi vous travaillez chez Destroïdo ? demande Fred à Hugh.

Il acquiesce.

– Comme la précédente victime… note Vera.

Après avoir écouté le récit de l'employé, les Mystères Associés reprennent l'ascenseur. Sammy appuie sur « rez-de-chaussée », mais l'ascenseur les entraîne au sous-sol…

Que va-t-il se passer au sous-sol de l'hôpital ?

Pour avoir la réponse, trouve le sujet du verbe *passer* dans la phrase en bleu.

a. une publicité télévisée → **Lis le n° 12.**

b. les Pétales Dorés → **Lis le n° 17.**

c. la salle d'attente → **Lis le n° 20.**

mémo 11

23

Tu t'es trompé(e) ! Consulte le mémo.

→ Refais l'exercice du n° 14.

24

Tous découvrent, surpris… Grand-mère Fayot !

– Mais pourquoi ? demande Fred.

– Je voulais que Destroïdo ferme définitivement, explique l'emblème des fameuses chips. J'ai découvert qu'ils ajoutaient un ingrédient secret à la recette originale des Pétales Dorés : du concentré de décharge ! Alors j'ai décidé de me venger. J'ai vu un documentaire norvégien à propos d'un scientifique qui se servait d'ultrasons pour contrôler les mouvements des pingouins. J'ai décidé d'adopter ce système. N'ayant pas de pingouin sous la main, j'ai utilisé les cigales qui sont abondantes dans la région. Mon plan aurait été un succès si vous n'aviez pas mis votre nez dans mes affaires !

La police embarque Grand-mère Fayot. Le maire, arrivé entre-temps, se désespère :

– Mais pourquoi tous les phénomènes de cette ville ne sont-ils que des impostures ?

Quant aux Mystères Associés, ils décident d'aller fêter la résolution de ce nouveau mystère à *La Belle Palourde* : c'est soirée fruits de mer à volonté !

FIN

Bravo ! Puisque tu es allé(e) jusqu'au bout de cette histoire et de ses exercices, nous te proposons de nous envoyer, sur le site www.lenigme.com, la liste des indices que tu as écrits page 93 et tu pourras télécharger des surprises !

À bientôt pour une nouvelle aventure !

Mémo

Pour t'aider à faire tes exercices

Français

Maths

Découverte du monde

Vocabulaire

1 Les synonymes

Des mots **synonymes** sont des mots qui ont un sens proche. Deux synonymes appartiennent forcément à la même classe de mots (noms, verbes, etc.).

copain / ami
admirer / contempler

2 Se familiariser avec le dictionnaire

- Le dictionnaire sert (entre autres choses) à trouver la **définition d'un mot**. Dans un dictionnaire, les mots sont classés dans l'ordre alphabétique (voir mémo n° 4).
- Attention, il arrive que certains mots aient plusieurs sens. On trouve alors plusieurs définitions qui sont numérotées.

***Pince** : 1. Outil à deux branches permettant de serrer ou desserrer (la pince dans la boîte à outils). 2. Extrémité des membres des crustacés (la pince du crabe).*

3 Les mots anglais entrés dans la langue française

Dans la langue française, il y a des mots qui viennent d'autres langues, notamment de l'anglais.

un fast-food, un hamburger, un week-end, le football, un parking...

4 Classer des mots dans l'ordre alphabétique

Pour classer dans l'**ordre alphabétique**, on compare la première lettre de chaque mot.

*cigale, **é**nigme, **h**ôpital, **m**ystère, **p**rofesseur*

Quand deux mots commencent par la même lettre, on compare la deuxième lettre. Si la deuxième lettre de chaque mot est identique, on compare la troisième, et ainsi de suite.

***é**lève, **en**gin, **én**igme, **enq**uête, **éta**ge, **éte**indre*

Orthographe

5 Le genre et le nombre dans le groupe nominal

Dans le groupe nominal, tous les mots s'accordent en **genre** et en **nombre**.

	singulier	pluriel
masculin	un gentil garçon	des gentils garçons
féminin	une gentille fille	des gentilles filles

6 L'accord du nom et de l'adjectif qualificatif

Un **adjectif qualificatif** s'accorde toujours en genre et en nombre avec le **nom** qu'il accompagne.

*un coquillage appétissant / une palourde appétissant**e***
*des coquillage**s** appétissant**s** / des palourde**s** appétissant**es***

Conjugaison

7 L'infinitif des verbes

L'**infinitif** des verbes est leur forme non conjuguée. Dans un dictionnaire, les verbes sont écrits à l'infinitif.

*Nous **mangeons**. → **manger***
*Scooby **court**. → **courir***

8 Les principaux temps de l'indicatif

Temps du passé (action terminée)		Temps du présent (action en cours)	Temps du futur (action à venir)
Imparfait	**Passé composé**	**Présent**	**Futur**
Je roulais, nous partions	J'ai roulé, nous sommes partis	Je roule, nous partons	Je roulerai, nous partirons

Grammaire

9 Les pronoms personnels sujets

- *On* est un **pronom personnel** indéfini. Il est utilisé pour désigner un sujet général, comme dans les phrases suivantes :

  On ignore encore qui se cache derrière ces crabes effrayants.

  On ne connaît pas le contenu du mystérieux paquet.

- *On* se conjugue à la 3ᵉ personne du singulier, comme *il* et *elle*.

10 La nature des mots

Les catégories de mots se distinguent par leur **nature** (on dit aussi la classe des mots).

La nature des mots ne varie jamais.

Verbes	sauter, regarder, croire, être, partir, divertir…
Noms	Croco-Crique, monstre, hôtel, Sammy, Scooby-Doo…
Articles	le, l', la, les, un, une, des
Pronoms personnels	je, tu, il, elle, on, nous, vous, ils, elles, lui…
Adjectifs qualificatifs	immense, joyeux, obscur, humide…

11 Le sujet du verbe

- Le **sujet** est le mot ou le groupe de mots qui fait l'action du verbe.

- Attention : le sujet n'est pas toujours le mot ou le groupe de mots le plus proche du verbe dans la phrase.

  Le mystère qui plane sur cette affaire de cigales sera bientôt élucidé.

Opérations

12 Les tables de multiplication jusqu'à 5

1	2	3	4	5
1 × 1 = 1	2 × 1 = 2	3 × 1 = 3	4 × 1 = 4	5 × 1 = 5
1 × 2 = 2	2 × 2 = 4	3 × 2 = 6	4 × 2 = 8	5 × 2 = 10
1 × 3 = 3	2 × 3 = 6	3 × 3 = 9	4 × 3 = 12	5 × 3 = 15
1 × 4 = 4	2 × 4 = 8	3 × 4 = 12	4 × 4 = 16	5 × 4 = 20
1 × 5 = 5	2 × 5 = 10	3 × 5 = 15	4 × 5 = 20	5 × 5 = 25
1 × 6 = 6	2 × 6 = 12	3 × 6 = 18	4 × 6 = 24	5 × 6 = 30
1 × 7 = 7	2 × 7 = 14	3 × 7 = 21	4 × 7 = 28	5 × 7 = 35
1 × 8 = 8	2 × 8 = 16	3 × 8 = 24	4 × 8 = 32	5 × 8 = 40
1 × 9 = 9	2 × 9 = 18	3 × 9 = 27	4 × 9 = 36	5 × 9 = 45
1 × 10 = 10	2 × 10 = 20	3 × 10 = 30	4 × 10 = 40	5 × 10 = 50

13 Résoudre un problème

Pour résoudre un **problème**, il faut choisir la bonne opération.
Si on ajoute des quantités, c'est une addition (+).
Si on enlève une quantité, c'est une soustraction (-).
Si on ajoute plusieurs fois la même quantité, c'est une multiplication (x).

*Scooby-Doo avale **3 paquets** de biscuits. Dans chaque paquet, il y a **12 biscuits**. Combien Scooby-Doo a-t-il avalé de biscuits ?*
*Calcul : 3 × 12 = **36***
Réponse : Scooby a avalé 36 biscuits.

14 Effectuer une soustraction avec des retenues

- Effectuer une soustraction, c'est calculer l'écart entre deux nombres.
- Voici la technique pour effectuer une **soustraction avec des retenues** :

63 – 28 =

	d	u
	6	¹3
–	₁2	8
	3	5

- Dans la colonne des unités, on ne peut pas faire (3 – 8) parce que 3 < 8. On déplace alors une dizaine de la colonne des dizaines vers la colonne des unités.
- Dans la colonne des unités, 3 devient : 3 + 10 = 13.
Dans la colonne des dizaines, 2 devient 2 + 1 = 3.

Mesures

15 Mesurer des longueurs

Pour **mesurer des longueurs**, il faut utiliser la règle. Les unités de mesure sont le centimètre (cm) et le millimètre (mm).

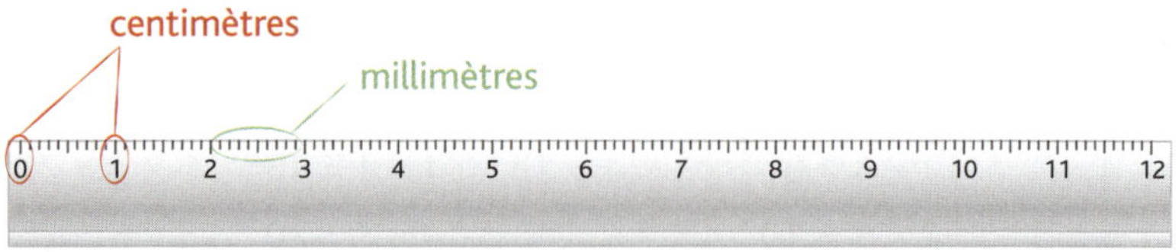

Attention : pour effectuer une mesure précise, il faut bien placer le 0 sur une des deux extrémités du segment.

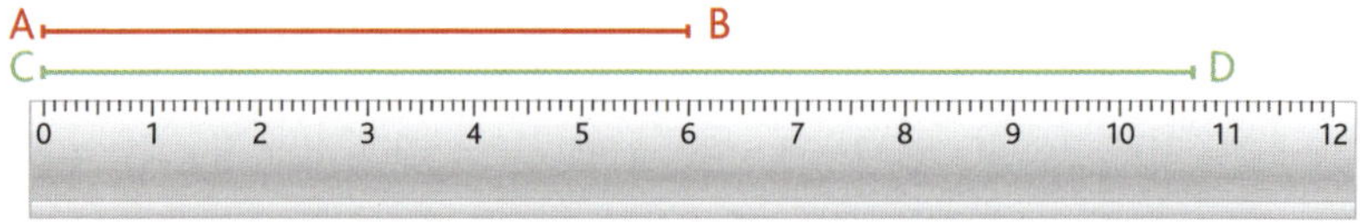

AB = 6 cm

CD = 10,7 cm (10 cm et 7 mm)

16 Lire les informations d'un tableau de données

Dans un **tableau**, les **informations** sont rangées dans des lignes et des colonnes. Pour trouver la bonne information, il faut chercher celle qui se situe au croisement de la bonne ligne et de la bonne colonne.

	Taille	Poids
Sammy	1,75 m	70 kg
Scooby-Doo	65 cm	22 kg

Sammy mesure 1,75 m. Scooby-Doo pèse 22 kg.

17 Les minutes et les heures

- Dans une **heure**, il y a 60 **minutes**.

83 minutes, c'est donc **1 heure et** 83 – 60 = **23 minutes**.

- Dans une **minute**, il y a 60 **secondes**.

83 minutes, c'est donc aussi 83 × 60 = **4 980 secondes**.

Géométrie

18 Les triangles rectangles

Un triangle est un polygone à trois côtés.

Le **triangle rectangle** possède un angle droit. Il faut utiliser une équerre pour vérifier l'exactitude de l'angle droit.

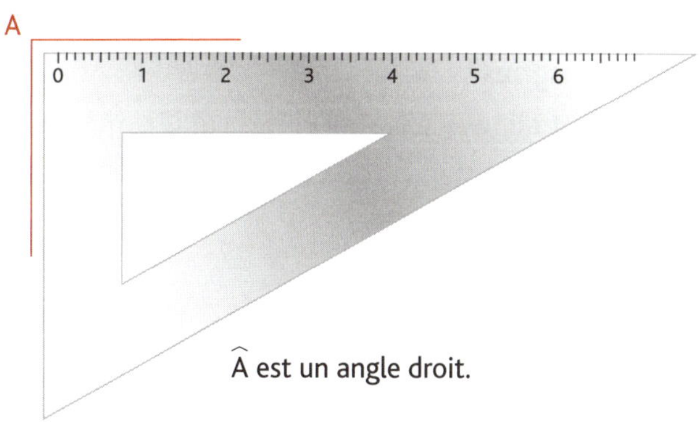

$\widehat{A}$ est un angle droit.

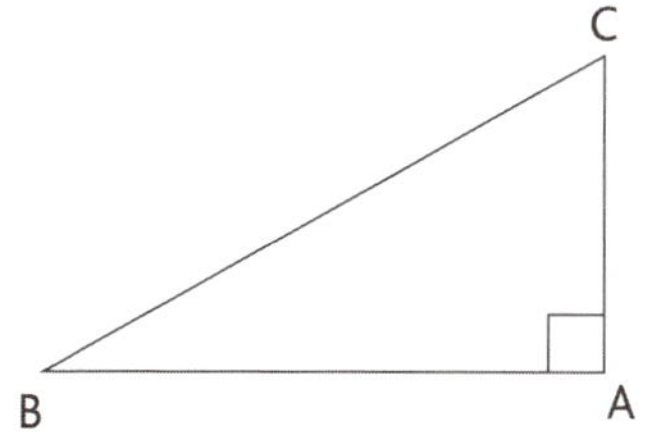

ABC est un triangle rectangle.

19 Les solides

Il ne faut pas confondre le carré, le rectangle, le cube et le pavé droit.
Le carré et le rectangle sont des **figures planes**.

Le cube et le pavé droit sont des **solides**.

Le cube	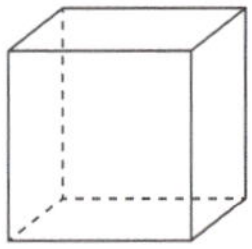	6 faces carrées	12 arêtes	8 sommets
Le pavé droit	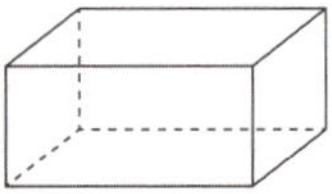	6 faces rectangulaires	12 arêtes	8 sommets

20 Les points alignés

Plusieurs points sont **alignés** s'ils sont situés sur une même droite.

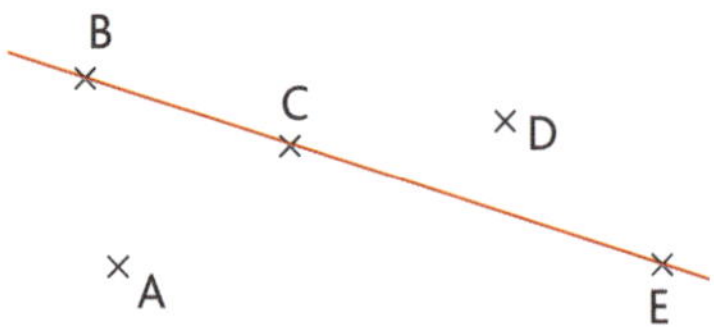

B, C et E sont alignés.

Sciences

21 Respecter un bon équilibre alimentaire

Voici à quelle fréquence un enfant doit manger chaque **catégorie d'aliments**.

L'eau	À volonté
Fruits et légumes	5 par jour
Féculents	À chaque repas (selon l'appétit)
Produits laitiers	3 fois par jour
Viandes, œufs, poissons	1 à 2 fois par jour
Matières grasses et sucreries	Occasionnellement et en petite quantité

Informatique

22 Connaître quelques touches du clavier

Voici les fonctions des principales **touches du clavier**.

Entrée	Lancer une recherche ou aller à la ligne dans un traitement de texte	
Échapper	Sortir d'un menu, fermer une fenêtre	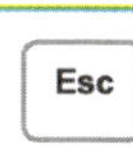
Espace	Insérer un espace entre deux mots dans un traitement de texte	
Retour arrière	Effacer	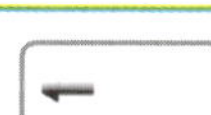
Majuscules	Écrire en majuscule et en chiffres	

Se repérer dans l'espace

23 Se repérer dans un croquis

Un **plan** est une vue « aérienne », c'est-à-dire que l'espace est vu d'en haut. Les éléments de l'espace sont représentés par des dessins. Pour lire un plan, il est important de se situer par rapport à lui et de comprendre ce que signifie chaque dessin.

Voici le plan d'une salle de classe :

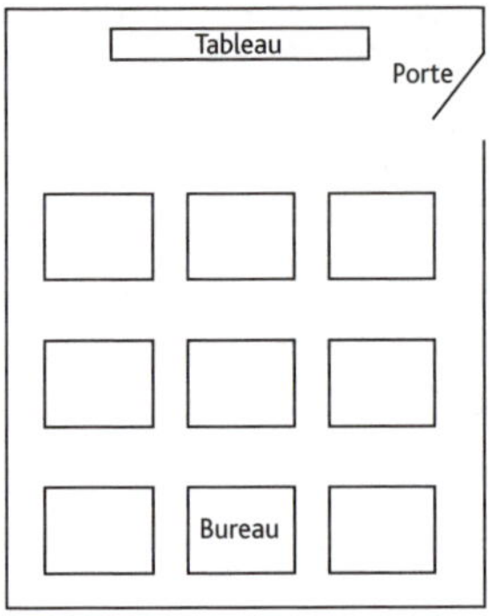

Arts

24 Les différents métiers artistiques

- En musique, le **compositeur** imagine les mélodies et écrit les notes sur une portée musicale afin qu'on puisse jouer sa musique. Le **musicien** interprète la musique : il lit la portée musicale et la joue sur son instrument.
- Au cinéma, le **scénariste** invente un scénario (une histoire). Le **réalisateur** choisit des **acteurs** et les dirige. Les **comédiens** (les acteurs) suivent les instructions du réalisateur.
- En danse, le **chorégraphe** choisit les pas de danse que les **danseurs** doivent interpréter.

Page-indices

L'attaque des monstres animaux

du CE1 au CE2

Note ci-dessous les indices que tu as trouvés au cours de ta lecture.

Va vite te connecter sur le site
www.lenigme.com
pour nous envoyer tes indices,
et tu pourras télécharger plein de cadeaux !

INDICE 1 ....

INDICE 2 ....

INDICE 3 ....

INDICE 4 ....

INDICE 5 ....

INDICE 6 ....

Bravo ! *Tu as trouvé tous les indices !*

Table des matières

Histoire 3 L'attaque des cigales

N° d'éditeur 10219902 – LASERGRAPHIE – Février 2016
Imprimé en Italie par BONA

L'ÉNIGME DES VACANCES

Choisis ton univers !

Historique · FANTASTIQUE · Policier · Aventure · FRISSON · Princesse · Sciences

du CP au CE1
- Le voleur invisible
- Sophia, princesse de la mer
- Le mystère de la source
- Disparition au pays des poneys

du CE1 au CE2
- La peur au bout de la laisse
- Mystère au cirque Alzared
- Attention ! Dauphins en danger
- Pas si désert que ça !
- Menace sur Madagascar
- Pirates en péril !
- L'attaque des monstres animaux SCOOBY-DOO!

du CE2 au CM1
- Le labyrinthe des dragons
- Les fantômes de Glamorgan
- La plage du Prince Blanc
- Le phare de la peur
- Montagne explosive !
- Menaces sur la finale de foot
- Planète dinosaures
- La menace des fantômes SCOOBY-DOO!

du CM1 au CM2
- Le voleur de papyrus iPhone iPad
- Le secret de la jungle
- Le sortilège des loups-garous
- Parfum de vacances
- La carrière interdite
- Feu mystérieux en Australie
- Musiques diaboliques SCOOBY-DOO!
- Drôles d'époques ! 7 HISTOIRES

du CE2 au CM2
Les Mystérieuses Cités d'or

T.1 Le secret du tambour sacré

T.2 À la poursuite du Dragon Jaune

T.3 Le ventre de Bouddha

T.4 La révélation

du CM2 à la 6e
- Le trésor des Templiers
- Panique à la Pop Academy
- La forêt de l'épouvante
- À la recherche de la cité perdue iPhone iPad
- Eaux troubles à Venise
- Drôles de familles ! 7 HISTOIRES

de la 6e à la 5e
- Le secret du Titanic iPhone iPad
- Drôle de trafic
- Complot chez les cordons-bleus
- The Refuge in Danger (en anglais)

de la 5e à la 4e
- Operation Blue Lagoon (en anglais)
- Chute mortelle au Mont-Saint-Michel iPhone iPad
- The Captain is Missing! (en anglais)
- Le souffle de l'ange

de la 4e à la 3e
- Murder in West Park (en anglais)
- The Mark of the Vampire (en anglais) iPhone iPad

(casque) Histoire à podcaster sur le site www.lenigme.com

iPhone iPad Existe en applications pour iPhone et iPad. Disponible sur App Store.